D1731899

eb⋯

pius strassmann

blauklang

gedichte

edition bücherlese

eb···

© edition bücherlese, Hitzkirch
www.buecherlese.ch

Lektorat: Rudolf Bussmann
Bild Umschlag: Matthias Jäggi
Autorenfoto: Lydia Segginger

Gestaltung und Satz: Stilecotto – Troxlers Typowerkstatt
Druck und Bindung: Pustet, Regensburg

ISBN 978-3-9524082-8-5

1. Auflage 2016

für franny
von der insel

aufs ende hin
wünscht ihr mir glück
sprecht den unvermeidlichen segen

herrschte schweigen
der wahn allein zu sein
stellte sich glücklich und fraglos ein

an jedem tag begänne
das neue jahr

halten und ordnen
aufgeben

ein menschliches wesen
im strömenden atem

ist am ende
wieder am anfang

im wind
tannen rauschen hören

im regen
schmelzwasserbäche

ist das der anfang
ist es musik

die grosse stille
zwischen sein und zeit

der baum kommt an
weiss noch nicht wo
ein singender ast

der knospende vogel
flattert ins blau
am ende des lieds

fragmente im aufwind
in dem ich gelassen stehe
eine wolke schwindet
das erlösende nichts

die welt braucht
die unzählbaren
einzigartigen blicke

sie wird
was sie ist

gegenständliches rauschen
tierische rufe

das gespräch der luft
mit sich selbst

von zeichen zu zeichen
knirschende schritte im kies

gelb wogende wiese
licht hüpft
von wolke zu wolke

im ohr rauscht
ein längst vergangener
immergrüner sturm

der atem des schläfers
zwischen aus und ein
wellen schroffer leere
die sein fallen verhindern

will keinen schatten werfen
will meine zeit vertreiben
schattenbaum wolkenzug

vermeinte ganz zu bleiben

während du gehst
ruht endlich das auge
in alten landschaften
die andere heimat nennen

du kennst die komposition
grüngrauer hügel
im graugrünen himmel
unvergänglicher innenraum

dein blick verfängt sich
kräne mauern und menschen
die abschied bedeuten
von dem

was kindheit war

leben am ort
der aus nebligen schemen
farbige träume entlässt

tief nacht
all tag

der junge warf keinen blick
unters gebälk
nach dem ausfliegen

bilderlos eng
war sein nest
grenzfühlungsschmerz

viel später erst
wenn der raubvogel
über ihm kreist

erinnert er sich
an geborgenheit
in den halmen

bäume tagten
sangen wie vögel

wir sassen
im lichtgedicht

schwieg
dein gesicht

saphirschwarz
in schlaf gestürzt

aufgefangen im becken
weiches weites plätschern

entfernt
die ufer

wörter rauschen
durchs blattwerk

zitronengelb steigt
aus lautsediment

ein arkanum auf
legt sinn und hintersinn frei

wer sucht zählt ab
um sich anzulehnen
den kurzen moment
mit geschlossenen augen
an den erinnerten baum
der immer schon da war

hinter mir vorder mir
öffnet die augen

keiner da
nur geister
wind und wald
die suche im aussichtslosen
wird ergebnislos abgebrochen
im offenen weitergeführt

am anfang
der wunsch vom siegen

im zenit
die kraft zu sagen

am ende
die hoffnung auf segen

aus den wipfeln rauscht wasser
strömen immerfort
äste leuchten in den himmel
sterbensblau

im bach fliesst wind
aus dem trockenen bett
rauscht erde
lebensgrau

hier unten die glut
echo der sterne
glimmen auf zeit

wir leuchten nicht weit
denken die ferne
die niemals ruht

der gütige sommer
zeichnet geschärfte baumspitzen
den einwärts stürzenden bussard

wann bricht das licht
im silber
des vogelschreis

der hund bellt
auf der vom wind
durchwehten heubühne

verklänge jede musik
unmerklich bewahrt
wie dieser abend am horizont

bachgelächter
weiter wind

zirpende böschung
vogel äugt

urweide
entferntes blau

den nachtfalter retten
als wäre die welt
wenn er wegsurrt
ein besserer ort

draussen stürzt er
ins süchtige licht
verbrennt
am morgen seine mumie

glänzend konserviert
in wachs getaucht
macht sich schön auf dem tisch
neben der üppig beladenen fruchtschale

das geschriebene wort
setzt sich fort
ordnet bewegung ein
soll ich im schweigen
glücklich sein

zwei schmetterlinge
schwarzer samt
über dem schwerefeld erde

erflattern sie sich
eine durchsichtige kugel
leuchtend subtil

in welcher einer dem anderen
den genau definierten
abstand gewährt

wo einer am ort bleibt
darum sich der andre dreht
das ist unser wunsch

wir erkennen ihn erst
nach dem verschwinden von etwas
das uns an seifenblasen erinnert

die gestalten der erde
vereinsamt
auf der gestalteten erde

kühe stechen entschlossen ins feld
über die kuppe staksen sie
lokalkoloristisch und fremd

vom flügel her franst der schmetterling aus
flattert und taumelt im wechsel
die hitze noch immer zerbrochenes glas

ich grüss dich und deine giftigen früchte
roter holunder wächter des hofs
deine käfer fliegen und vögel rufen

betritt dies seltsam körperlose augusthaus
schlepp brennholz herbei vernagle
die kellerscharten öffne die träumenden bücher

beharrlich ohne hoffnung
zirpen die heuschrecken

ein verschlissener bogen
reisst über mein herz

nach regen und abbruch
holt die sonne am achten zehnten
den sommer mit heugabeln ein
beendet schrecken und flut

diese sonne ist schnee
irre blendung schau weg
ins retinaleuchten
ins einsamste weiss

diese sonne ist fallende asche
rest des versprochenen
aufgewirbelte nacht
galaktisches tosen im kamin

diese sonne flieht auge und farbe
wenn sie zwanghaft im orbit vergeht
das durchsichtige grün atmet auf
leuchtet am hellsten ins dämmern

diese sonne ist wahn ist ein baum
aus angsttriebstrahlen driftet
zerschunden als gehe sie unter
und wir gingen euphorisch mit ihr

ort am abend
berge aus schwarzem papier

in tiefen wachsendes nichts

steig hinab
bis es hell wird

schon beim knospen
hineingewachsen in seine idee

sobald es grünte war geklärt
welches blatt als letztes fällt

findest eines noch
tage später

denkst
auch dieses

die erde verstummt
dunkelheit wirft sie nach uns
falllaub schraubt gänge
in rauchenden oktoberboden

die wärme verkriecht sich
farben im abgang
verwandlung in tiefen
überirdisch bleibt nur dein bild

wanderfalter admiral
rot in schwarz
verweilt minuten
im fensterrahmen

soll dies die antwort sein
flatterer im zwischenreich
mein blick nach draussen
dein blick nach innen

die welt nicht mehr zum klingen bringen
auf sommerwegen nicht mehr gehn
will nicht mehr lauschen nicht mehr singen
blechern tönen jenseitsstimmen
in stimmen kann ich nichts verstehn

die laubtore
an den rändern des klangs
geh oder steh
richtung und lichtung
dein hören
sei frei

nebel dampf rauch
steigt in der oktoberstrahlung
darunter nicht sichtbar
die kalte ausgleichsfläche

dürres gras und letzte falter
was hauchen sie aus
die leichenfeuer
nach einer losen erdennacht

die noch am tiefpunkt
die sonnenstrahlen besingen
sind mir seit je suspekt

ich ziehe das wort zurück
bis selbst das schweigen
verstummt

weichender november
stilles blau
vogelstille blätterstille
knirschender frost
schwarzweisse bilderstille

versiegende bäche
sonnenstille mittags
wenn die wärme schreckt

geglückte verlassenheit
bleib stehen
nun da stille
ins dasein drängt

drei hügel
entfernt
blasses klingen

hohes rufen
geistermusik
hör hin merk

auf nichts
weiter als kuhbimmeln
flüchtige lichtwechsel

im klangschatten

das volle glas
das windlicht
lasse ich fallen
durst und dunkelheit

in den scherben
wasser und wärme
blitzen auf als fragmente
hoffnung du mosaik

im stehenden zug nachts
fenster ganz hinten auf brachen und reste

auf königskerzen
brennesseln und kompasslattich

scheue weiden junge birken
hier fühl ich mich wohl

papiere suchen den nachtwind
gedrucktes in auflösung

leere verpackungen
alu im stotterlicht

ich im wagen ohne korona
ohne angabe von zeit und ort

und traumfahl ausserhalb
endlich ein fragment

ich stürze
erblindet
in die fugen der nacht

im abgrund
stehe ich ein
für das licht

landschaft im regen
ohne tiefenraum

aus abgelebten schichten
drüben im fels
steigt wasserrauch

steigt jetzt
befreite sicht

auf schatten
gezeichnetes
licht tropft
in wachende
baumgestalten

siehst du den schnitter unbedarften glücks
blicklos schaut er durch unsere fenster
schleift über den himmel

blauklang später rotfluss
zerstiebendes wasser in jedem tropfen
ein möglicher traum und fremd

mein atem hat sich vom flattern gelöst
der verdunkelte tag ruft ihn
die zitternde erde nimmt er für wahr

es bleibt was sich wegdreht
das alles verändernde
milder gestimmte jetzt

am tauchrand zum schlaf
entlässt die faust
ihre trauer

ein obstheller stein
zerstiebt
ins fraktale licht

eingeladen
von ahnungen gelockt
mit blicken gerufen
auf spur gebracht
an den rand geführt
kalt geworden

die tiere längst schon
selbst bäume besehen
den wechselnden grünstand
seiner hoffnungen einfälle
später werden auch sie
auswurzeln losfliegen

geklärte existenz
bequemes licht

schwarzschattenkuhle
rauscht knistert raschelt

misch dich ein wenn du ihn wagst
den widerstand den farbverzicht

bevor die erde schnee denkt
zieht sie den frostmantel an

was ins dunkel fällt
weiss

sinkt nicht
hüllt ein

wärmt
einen erdschlaf lang

finster
finis terrae

sehen musst du
war deine antwort

es ist greifbar
vielgestaltig

ich sehe weiter
fasse ins nichts

gegenüber seh ich
das fenster
das licht dahinter

wie du lebst dort
als ständiger gast

ich seh hinüber
nach innen gewandt
das helle im licht

zum boden gebeugt
von früher last

der schnee fragt
bist du bereit

schweigen
genügt ihm als antwort

sieben schläge
schlagen das fleisch mir
vom knochen

nicht der sinkende abend
die eine rasende stunde
erschreckt mich

das scheppern
bahnt der stille
die spur

mozart zum abschied
unter den tasten
knirscht sand

schleifen kiesel
brechen brocken
stürzen findlinge

fermate
ich wünsch dir alles
trotzdem gute

blick der leidenden kreatur
in sich gefangen
versucht sie
aus schwarzen augen
uns zu erreichen

ratlos stehn wir davor
in schatten versunken
erdenken sprüche
das unerträgliche
zu bannen

vom wasserfass
brachtest du
eine scheibe eis

dieser runde spiegel
sah mich
als er brach

an welchem grab
mögen die fahnenträger
die luft bewegt haben
mit ihrem raunenden tuch

der wasserfall tobte
hinter meinem rücken
die orte versanken
der feldweg stieg

ich drehte mich um
ein fuhrwerk donnerte
über den schäumenden kies
zwei schnaubende rappen

vom knecht gepeitscht
die schwarze kutsche
ein hochrädriger karren
tote sassen darin

drei horizonte hinter dem dach
verbleichen scherenschnitte aus schnee
sagen den ahnungslosen tannen
letzte worte die niemand versteht

nie anwesender
als beim abschied

will wissen
was alles bleibt
wenn ich gehe

bevor sie starb
murmelte sie leise
mit ihrer freiheit versöhnt
mit dem strahlen des menschen
der es endlich geschafft hat

über ihre irdische zeit
sprach sie das siegel
bevor die ewige ruhe
sie einliess
von ihr hab ich gelernt
den viersilber auszuhalten
lang vor dem verordneten schweigen

keine gnade
keine gnade
keine
gnade

apfel singe
hoffnungsdinge
atem ringe
todesklinge

in jedem gegenstand
werde ich weiterleben
im wasser
das ich trinke
in der luft
die ich atme

niemand der trinkt
wird es wissen
keine die atmet
wird es ahnen
wer die kommode sieht
wird nicht an mich denken

wird fahrig
die schublade schliessen
sie klemmt leicht
zu wenig spiel
einfach ein möbel
das ihm entgegen stand

zu kurz geliebt
zu lange gezögert
fehler erkannt
blind für das richtige
als du gingst
ging ich mit dir

leuchtet er
gelb aus dem bach
blassrot vom graben

oder leuchtet es
und der schnee
will auch diesmal
nichts gesagt haben

weder schweben noch ruh
schnee ist weiss
schnee bist du

mond im schnee
schnee im mond
wo das glitzern wohnt

schnee im mond
mond im schnee
wer ruht im zaubersee

nun bist du gegangen
von alltag ungetrübt
winkst zwischen blüten
eingang zum feuer im erdkern

bewegst den arm
durch wasser widerständig
taumelst schönen fusses
sagst ja zum glasweg

der wird aus den scherben
unter jedem deiner schritte
einsicht und aussicht
für uns wenn wir folgen

inhalt

Pius Strassmann, geboren 1963, aufgewachsen in Hitz-kirch im Luzerner Seetal. Primarlehrerdiplom, Zusatz-ausbildung zum Kindergärtner. Blockflöten-Studien, Aus- und Weiterbildungen in Kinesiologie und psy-chologischer Pädagogik.

Mehrjährige Tätigkeit als Lehrer an einer freien Volks-schule und in einer Einführungsklasse. Veröffentlichung verschiedener Lyrikbände: *Verlorene Räume* (1994), *Noch nicht Nacht* (1996). *Traumgestöber* (2003), *teestaub* (2008) und *erdbestand* (2013).

Pius Strassmann lebt in Luzern und arbeitet als Musiker, Kinesiologe und freier Autor.

www.pius-strassmann.ch

Der Autor bedankt sich besonders herzlich
bei Rudolf Bussmann, Judith Kaufmann und
Matthias Jäggi.

Verlag und Autor danken dem FUKA-Fonds
Stadt Luzern für seine Unterstützung.

**Stadt
Luzern**
FUKA-Fonds